휴대폰 메모장 메모가

책머리에서

  사람의 일이란 참 알 수 없는 것이다. 예전부터 시 쓰기는 내가 할 일이 전혀 아니었다. 조선시대 어느 고명한 유학자가 그렇게 말했듯이, 시가 제대로 문장이겠느냐는 의심이 일단 내게 있었다.

  죽 그랬는데, 나이가 들수록 삶에서 시달림이 깊어지고, 무엇보다 아버지가 돌아가시고 나서는, 점점 긴 글을 쓰기가 귀찮고 부담스러워지기 시작했다. 애초에 소용에 닿을 일도 없었으므로, 그렇게 긴 글은 멀어졌다.

  그렇더라도 살면서 이런저런 느낌은 없지 않아서, 별목적 없이도 그것들을 끄적거려 두기는 했다. 특히 그즈음에는 또 자전거에 골몰했다. 여기저기서 중고 부품을 구해 자전거 조립까지 해가며, 살고 있던 일산신도시와 그 변두리를 구석구석 둘러 다녔고, 한 번씩은 대교를 건너 김포, 서울, 인천 등지까지 원정을 갔다. 지금 보니 그때 써놓은 것들이 꽤 많다.

그것이 어떻게 해서 지어졌든, 여느 메모가 그렇듯 중간 중간 연결마디들을 강하게 생략하다 보니, 어느덧 그 글들이 내 눈에는 시의 형태를 하고 있었다. 또 신기하게도 모르는 사이에 내가 사는 모습도 예전에 그렇게 질색했던, 시를 쓴답시고 그걸 핑계로 나태하게 생활하는 몇몇 나부랭이들의 행태를 많이 닮아 있었다.

 수년이 지나면서 생략이 난무하는 글들이 수십 편 쌓였기로, 다시 읽어보니 어두운 글이 너무 많았다. 그러나 글을 거짓으로 쓸 수는 없는 노릇이다. 내 시간과 공간이 그렇게 어두운 것이면, 그것이 신변잡기인 한에는 글이 어두운 것은 어쩔 수 없는 일이다. 하기 좋은 말로 감정이든 글이든 승화하고 초월하는 것이 필요한데, 나로서는 그렇게 하면 남아있는 감성이나 글이 없어져 버린다.

 낙향하면서 그런 글들을 대충 정리해서 한 번 책으로 내보려고도 했으나, 명색이 시였으므로 역시 낯 간지러운 일이었다. 그것으로 더 이상 출판 욕심은 접고, 사는 일에 집중하기로 한 것이 십 년까지는 아니라도 그 가까이 되는 것 같다. 절필을 결심했던 것이나, 가끔씩 무슨 느낌이 있을 때는 예의 그런 메모를 일기처럼 남겼다.

작년 봄에 어머니가 돌아가셨다. 나에게는 매번 무엇을 계기로 삼으려는 버릇이 없지 않아 있다. 아버지가 돌아가셨을 때 이런 잡시 쓰기를 시작했다면, 어머니도 돌아가셨으니 그것을 마감하는 것이 적당할 듯도 하다. 이젠 이런 좀스러운 메모조차도 적어내는 것이 싫증난다. 무엇보다, 시를 쓴다고 이르기에는 내가 나이를 너무 많이 먹었다. 수학을 젊은 사람이 잘하듯, 시도 젊은 사람이 지은 것이 싱싱하다.

　이젠 지나온 생활의 하나씩을 정리하고 이별할 때가 되었다. 그 첫 번째 이별이 이것이다. 이것들을 털어내고 나면, 남은 날들이 그나마 조금은 더 가벼워질 듯싶다.

　글은 아무나 쓸 수 있으나, 그것이 미래에까지 남겨지는 것은 매우 드문 일이다. 그냥 지나치고 말 수도 있는 글들을 선뜻 책으로 내기로 결정해준 출판사 '참좋은인터넷'에게 고마움을 전하고 싶다. 이로써 먼 훗날에라도 내 심사를 읽어내는 눈 밝은 사람을 기다려볼 기회를 갖는다. 물론 출판사에게나 나에게나 이 책자가 지금 바로 많은 이들의 손에 들리는 것이 소망스럽긴 하다. 그러나 그것은 결코 그리 쉽게 찾아오는 행운이 아니다. 더욱 고마울 수밖에 없다.

올해도 어김없이 봄날이 가고 있다. 지금보다는, 아무런 이유나 계기 없이도 내 주변의 세계들이 좀 더 밝아졌으면 좋겠다. 그런 시간이 올만한 때도 이제는 되지 않았을까 기다려본다.

차 례

책머리 ················· 002

1부 - 봄
해명 ················· 014
肖像 ················· 016
이상한 집 ················· 017
거울이 있는 풍경 ················· 018
길집 ················· 019
꽃나무 ················· 020
'가끔'과 '자주' 사이 ················· 021
상대주의 ················· 022
수절 ················· 024
어떤 꽃 ················· 025
그 시절에는 ················· 026
진화 ················· 028
수정동 애가 ················· 030
오월에 ················· 033

2부 – 여름부터 12월까지

사람의 속눈물을 알아보는 교묘한 장치 ········· 036

장미마을 ········· 037

다이아몬드 ········· 039

꿈 ········· 040

고향 가는 고갯마루 ········· 042

아버지의 어떤 일생 ········· 043

태풍 볼라벤 에피소드 세 개 ········· 045

지방법원 지원 앞 ········· 049

잡초 ········· 050

秋情 ········· 051

동재야, 우리도 이사를 가자 ········· 052

설계 ········· 054

첫눈 ········· 055

3부 – 1월부터 여름까지

겨울 햇살 ········· 058

한밤중 소리 ········· 059

우리의 神 ········· 061

공릉천 둑방길에서 ········· 064

봄에 ········· 066

流星 ········· 067

연꽃 ········· 068

素描 ··· 069
여름 시장 ··· 070
모기약 단상 ····································· 071
매미타령 ··· 073
또 세월은 가리 ································ 074

4부 - 가을 이후

핏불 테리어 ····································· 076
아침 텃밭에서 ································· 080
가을배추 밭에서 ····························· 082
달빛 환상 ··· 084
작품 ··· 085
강 ··· 086
석양에 ··· 087
참 고약타 ··· 088
세월타령 ··· 091
낙천 ··· 092
호미걸이 ··· 093
목련꽃 아닌 향기가 ······················· 095
어떤 재회 ··· 097

5부 - 이 시골로 살러 오지 않았으면

이 시골로 살러 오지 않았으면 ············· 100

두부가 왔습니다 ··· 101
별 ··· 102
야간병실 ··· 103
뻐꾸기 ·· 105
쌍쌍 나비들 팔락팔락 하늘로 오르는 날 ········· 106
작은 승리 ·· 107
가지 밭에서 ··· 108
귀신이 없다고는 못해 ································ 110
노린재 죽음 ··· 112
늦여름에 부르는 노래 ································ 113
겨울 심야버스 ·· 115
가지 밭 기억 ·· 116
가지 밭 메모 ·· 117
농사꾼 ·· 118

6부 - 짧은 여행

산불 소동 ·· 120
진달래 ·· 123
만화 '푸른 계절' ·· 124
멍게 ··· 125
우두령 찬가 ··· 126
천문학자 ··· 127
사과밭에서 ·· 128

슈퍼 문 ·· 129
산그늘 집 ·· 130
오늘도 그 노년은 ································ 132
벌목 ··· 134
어떤 무덤 ·· 135
야간주행 ··· 136
벚꽃 ··· 137
봄꽃이 아니라도 ································· 138
새벽 항구 ·· 139
휴대폰 메모장 메모가 ························ 140
예치기 ··· 142
수련 ··· 143
짧은 여행 ·· 144

詩作 후기 ·· 147

1부

봄

해명

온밤 내 날아드는,
새잎 단 가지들의 소리 없는
난타.

오늘
때늦은 꽃샘바람 속,
도회는 아이들이 모두 떠난 빈 교정처럼
침묵했다.

착각이 익숙지 않은 선량한 사람들은
신앙 잃은 얼굴로 긴 물음을 남긴 채 흩어지고,
아파트 층간에서 머뭇대던 햇살도
서툰 연극의 결말처럼 서둘러 이야기를
거둬들였다.

사월의 어둠 속으로 때아닌 겨울바람이 불어와,
훗날 떠올려야 할 이름이거나 모습, 또는
그런 기억들의 주인인 나, 그 가운데 몇몇은
또 내일이라도 떠나고 없을 그 뒷자리를
미리 저리 차갑게 휩쓸고 가는 것은
곧 닥칠 망각의 예비인가?

시릴수록 깊게 잠이 드는 도회 언저리에서
지나간 것은 모두 잊고 잠 못 이루며,
온 방으로 날아드는 헝클어진 기억들의,
무수히 제 흔적을 지우고 사라지는 저 혼돈한 몸짓이
언젠가 몹시 그리워질 수 있다는 것을
알고 있음은 또
무엇인가?

肖像

그럴 리 없는데도
세상을 응시하는 눈빛,

실체보다 산뜻한
具象으로 피다.

아름다운 사람의
아름다운 얼굴처럼

있을 리 없는 마음까지
몸을 내다, 꽃잎의

환한 실현처럼.

이상한 집

우리 아파트 2층의, 조용한
4인 가족.

찾아오는 사람 없고,
가족 나들이도 하지 않는 듯.

외출은 한 사람씩,
두 사람이 나가는 경우는 아주 가끔.

어쩌다 지나치면 인사는 해도
웃는 얼굴이 아니고,

낮엔 항상 두 사람이 있는 듯,
한밤중에 무어라 혼자서 하는 대화.

오늘 아침 투표 길,
아파트 경비가 불쑥 건넨 비밀,

그 집의 스무 살 작은 아들이
자폐 1급이란다.

거울이 있는 풍경

간이 잘못된 것도 아니고,
재료가 크게 다른 것 같지도 않은데,
수요일에 사 온 옥수수 식빵이
왠지 질리는 맛이다.

어제도 그랬고,
그저께도 그랬고,
다른 식구도 그렇다고 하니,
내 입맛 탓이 아니다.

-이골이 나서 맛 가늠이 안 되고 있어!
잠깐의 비난 뒤,
불현듯 되비치는 반성.
-나도 살면서 비치는 내 모양을 모르고 있어!

늦은 일요일 아침,
낯선 풍경을 미리 보고 온 햇살의 낯설음을 하고,
사월이 상큼상큼 창문 밖을 지나가고 있었다.

길집
-클리셰를 위한 변명

꽃바람이야 스쳐가는
짧은 후회 같은 것,

비 오면 남모르게
긴 이별도 하지.

꽃 지우고 젖어서도
늘 그 길에 서있던,

날 개면 바람 곱다고
먼 길 바래는,

낡은 노선표 속
잠깐의 사랑 같은.

꽃나무
-노인의 노래

속으면 안 돼,
곱게 늙는다는 말.

고운 꽃이 다 졌는데,
뭐가 그리 곱겠어?

늙기 시작하면,
나이만큼 볼썽 사나워지는 것이
몸뚱이지.

안 그래 보인다면,
어쩔 수 없는 그들의 적응이 만들어낸
잠깐의 완화일 뿐.

꽃이 진 봄날이 얼마나 쓰린 것인지는,
제게서 꽃이 모두 떨어져봐야 알지.

속으면 안 돼,
편안한 노년이라는 말도.

'가끔'과 '자주' 사이

우리 집의 의견 불일치 수준은 꽤 높아서,
이제는 '가끔'과 '자주'를 따질 수 있는 경지까지 왔다.

집사람이 아이들의 아침 챙겨주는 것을
나는 '가끔'이라 하고, 집사람은 '자주'라고 하고,

내가 집에서 혼자 술 한 잔씩 하는 것을
집사람은 '자주'라 하고, 나는 '가끔'이라고 하고,

비난도 방어도 잘하는 우리 집이니만큼,
메스껍게 골을 치는 내 두통을 두고도
집사람은 '자주'라 하고, 나는 '가끔'이라고 한다.

이 말고도 이래저래 가끔 또 자주 다투지만,
경지가 서로 조금씩 다른 것일 뿐,
다른 뜻은 서로가 절대로 없다.

상대주의

해방을 노래하며,
넝쿨로 상대의 몸을 감아
속살에 입을 박고 사는
기생식물.

제 관점을 요구하는 순간,
이미 절대의 신전에 몸을 내맡긴 것.
오, 편리한 전회.

지성이 공정한 숲에 번지는 감성,
지성을 속이지 않으면 발산되지 않는.

예외적인 은총을 믿는 신앙의 독선이 아니라면,
다름을 증오하는 다름도
다름으로 불러야 하는 말장난.

기준이 없다는 것은
기준을 모른다는 것과 다르므로,
재귀적 모순의 회전판 위에서
발이 꼬인다.

회임되지 않는 사랑,
오, 수다스러운.

수절

앉은 꽃을 떠나지 못하는,
너울거림조차 가만한,
그냥 하듯이 하는,

아름다운 강요.

잊히면 불쌍하다는,
내년에도 꽃이 핀다는,
그 내년에 다시 오리라는,

그 정도의.

어떤 꽃

오세요, 오세요,
들어오세요.
내 마음 가장 깊은 곳으로 들어와
나를 가지세요.

나를 가져가세요,
가지고 가세요.
당신의 사랑을 위하여,
사랑의 儀式을 위하여.

나를 잊지 마세요,
속 깊은 꽃이랍니다.
사랑 잃고 눈물이 나면,
그때 다시 찾아오세요.

그 시절에는

갓 겨울방학이었던 것 같아.
희미한 기억 중에도
그날이 느낌이 새롭거든.
집 앞 도로는 아직 흙길이었지, 아마.
누추한 동네 풍경이
그때는 그래 보이지 않았고,
흐렸는데도 사방이 희밝았던 것은
곧 눈이 오려고 그랬던 것 같아.
노염 거둘 일이 별로 없던 아버지가
참 그럴 만하지 않게 그날은
우리들에게 얼마간의 돈을 내리시곤,
완전한 하루의 해방을 명하셨다.
만화방에서 만화를 잔뜩 빌렸던 것은 분명해.
군고구마 아니면, 풀빵 아니면, 그 둘 다인가를
아무튼 꽤 넉넉히 샀던 것 같아.
쪼들리긴 해도 아랫목이 늘 뜨거웠던 작은방에서
네댓인지 대여섯인지 오골 보골,
그날 하루는 참 맘이 편했던 것 같아.
그러고 보니 그날만 그랬던 것이 아니라,
그 시절에는 이상하게
뒷날 걱정은 별로 하지 않았던 것 같아.

밝은 날보다 흐린 날이 많았던 것 같은데,
기억보다 그렇게 아픈 시절은
아니었던가 봐.

진화

생의 처음부터 끝까지가 모두 청춘인 방식의 아름다운 진화는
애초에 이 땅에 예정되어 있지 않았다.

생식시기의 선택이 먼저 있었다.
생의 마지막에 격한 청춘이 오는 '장렬' 족으로의 진화를 포기하고,
일찍 청춘을 불사른 뒤 차츰 기력을 상실해가는 '조숙' 족으로 진화했다.

탈피 뒤 찌르는 공기의 독성에 살이 벌벌 떨리던 태초의 뱀으로부터
탈피 때마다 재생을 하는 '날름' 족으로 진화하든가,
탈피가 돼도 자극이 없는 '뻔뻔' 족으로 진화하든가,

눈앞으로 광대히 하늘과 땅이 열리는 날,
날개를 달고 훤한 하늘로 날아가는 '날개' 족으로 진화하든가,
사지로 그냥 땅 짚고 다니는 '무난' 족으로 진화하든가,

탄생이 곧 먹이가 되는 초원에서,

탄생을 잡아먹고 사는 '귀신' 족으로 진화하든가,
 첫 날숨에 냅다 내달릴 수 있는 '도망' 족으로 진화하든가,

 진화의 갈림길에는 그 어떤 성공도 예정되어 있지 않았다.

 지금 막 생각도 많고 욕심도 많은 종족으로 진화가 끝난 '잘난' 족이
 개체 보존이 영원한 방식의 종족보존은 왜 안 되는 거냐며,
 자신의 불완전한 진화에 불만을 터트리고 있다.

 욕심을 상실한 특이종, '구름' 족이 구름을 뚫고 내려와,
 그렇게 영영 살아서 뭐 할 건데 하며 킁킁 바람을 빼자,

 구름 밑 횅한 바람에 정신이 뻥 뚫린 '바람' 족이 한 줄 참견을 한다.
 -모르지. 지금 이미 '영생' 족과 '초월' 족으로 진화가 갈리고 있는지도.

수정동 애가

1
생각보다 정갈하고,
생각보다 꽃이 예쁘장하게 피는 곳.

집마다 단정한 방,
좁다란 마당에는 동강난 그릇조차
알맞은 곳에서 꼭 알맞게
꽃을 피운다.

하늘이 멀긴 해도,
다른 동네보다 하늘이
한참 더 가까운 동네.

해가 일찍 뜨는 만큼 늦게 해가 지는
도시의 지붕. 영원의 어스름에서 홀로 빛나고,
더 그리운 빛을 하고 노을이 진다.

밤이면 발아래 불빛에게 황홀히 정신을 잃어주고,
아침에는 수시로 캄캄히 사랑을 잊어주는,

생각보다 조용히 힘들어하고,
생각보다 조용히 아파하는,
도시 셰르파들의 나라.

2
그러니까 이런 곳에서 살았던 사람은 안다,
산다는 것이 그렇게 묵직한 무엇이 아니라는 것을.

자투리 동네의 꼭 그런 자투리 빈터에서,
사지가 다 잘려 나간 나무 하나가
한낮의 졸음 햇살에도
되든 안 되든 부지런히 새잎을 내어보는 것은
무슨 다른 희망이 있어서가 아니라,
그저 살아지니 살아보는 것이
그곳의 생태이니까.

살다 보면 심장이 멎듯
꿈이 멎는 순간이 온다는데, 꼭 그런 동네.
꿈이 멎은 만큼 낯가림이 많기는 하나,
여기서는 살아갈 희망이 없는 것 정도를 가지고
함부로 죽거나 죽는 시늉을 하지 않는다.

이곳에서 살아본 사람은 알 수 있다.

살자고 마음먹으면, 외출 끊고 사는 사람의 내면만큼 편안한
　삶도 없다는 것을.

　살림을 살든, 꽃을 가꾸든, 사랑을 하든,
　또 노을처럼 다른 무엇을 숨기고 그리워하든,
　이곳에서는 그냥 하루씩 깔끔히
　살아주면 되는 거니까.

오월에

꽃잎 같은 분명한 유혹은 아니었고, 사랑을 예정한 호의랄까,
유쾌한 회식자리의 가벼운 웃음 같은 것일 수도.

잎 푸른 날의 향내 짙은 봄밤엔,
행복한 사람들의 따로 품은 연심 같은 쾌락이 둥실 떠가고,

다만 기억하기를,
한낮의 잎 그늘 아래로 쏟아지던 설렘이 눈부셨다는 것.

다만 우리는 섣부른 일탈을 흉내 내지 않았다는 것.

2부

여름부터 12월까지

사람의 속눈물을 알아보는 교묘한 장치

예전 어른들이 조상 무덤 앞에서 눈물 흘려본 자는 밖에 나가서 남에게 나쁜 짓 못한다고 하고, 그것을 仁이라 이름 붙였듯이,

작은 암자에 가면 이따금씩 보는, 왠지 서러운 동자승의 야들야들한 머리며, 어깨며,

오빠 드시라고 인삼 선물을 사양하는 私家의 여동생에게 버럭 고함을 내지르는 노스님이며,

해질녘 어스름을 타고 먼 하늘로 번져가는, 첨탑 밑 사람들의 갖가지 간절한 기도며,

아픈 자들의 고통을 위로하기 위해 못 박혀 죽을 것을 결심하는, 인간 예수의 과도한 기획이며,

어느 날 무단히 이렇게 애먼 사람이 안돼 보일 때 그것을 仁이라 말해두면, 그것은 사람의 속눈물을 알아보는 아주 교묘한 장치가 된다.

장미마을

그보다 아름다운 다비는 없다. 사과나무를 태워보면,
누구든지 사과의 전생이 장미라는 것을 금방 알 수 있다.

붉게 또 붉게 겹쳐 타오르는 불꽃이 요염도 하거니와,
제 불꽃으로 제 몸을 태우는 향기가 첫사랑보다 달콤한,
그보다 더 진실한 유혹은 없기 때문이다.

세속의 거리에는 금욕의 룰이 없다.
누구든지 꽃잎 속을 헤집어 볼 수 있고,
누구든지 속살을 깨물고 단물을 맛볼 수 있다.

옆집의 낙타 사내에게 마음을 뺏겨서는 입술이 빨간 사과는
제 몸에서 거리낌의 몸짓이 사라졌다는 것을 저만 모르고 있다.

아무에게 아무렇게나 속을 내는 그런 모지랑이가 아니라,
카페 담장으로 다가서는 뭇 손길을 찔러대던

붉은 장미의 도도한 환생이기 때문이다.

모과가 장미의 열매라는 소문이
지금 막 장미터널을 지나가고 있다.

다이아몬드

더없이 투명해도
아무 것에도 침투당한 적이 없는,
순결 공간.

소리 없는 빛,
그 침묵이 여문
전율.

악의가 자라 악행을 하고,
죄의식이 깊어지면 삶이 가위눌리는,
한 몸통의 두 얼굴.

제 마음을 속여서
남을 속이는 사치.
-내 마음, 나도 몰라요.

꿈

한밤,
아이의 고질이 도져 다시 마음이 상하고는 설핏 잠이 들었다가,
내가
젊으신 아버지가 되어,
사위가 하얀 그 길을 막 들어서고 있었다.

꿈을 잘 꾸지 않지만, 나는
이상하게 꿈을 꾸면
언제나 젊다.

꿈속에서는 도무지 나이가 들지 않는 나는
앞으로도 영영 낙이 되어드릴 일이 없을 것 같은 나였으므로,
저 위 옛집 사랑의
낙 없는 아버지를 미리 생각고,
가슴 막막히 이제 막 그리로 올라갈 참이었다.

지난 11월
흐린 새벽,
그날도 아버지는 옛집 사랑에서 사위가

하얗게 밝아오는 꿈을
꾸고 계셨다.

꿈속의 나는
이제 막 대문을 지나,
막막히 사랑 앞마당을
들어서고 있었다.

고향 가는 고갯마루
-셋째 형을 위한 기도

보면,
언제나 하늘 구름이 떠 있던
고갯마루.

이쪽에선 이미
사는 게 신산해서
다 알고 가는데,

살아볼수록
짐 진 게 많아
힘이 부치는데,

오늘도 고개 너머 고향 하늘은
오래오래 살다 오라고
굽어만 보신다.

아버지의 어떤 일생

－네 누님, 정말 미인이시더라. 그때 깜짝 놀랐다.
－더 젊을 땐 참으로 큰 미인이었지!
잇단 내 상심을 위로하려던 친구의, 이십년도 더된 기억을 대꾸하다가,
－그렇구나!
불현듯 스치는,
아버지의 행로 한 줄기.

얼굴 검고 공상 많은 당신 대신,
스물셋에 얻은 첫딸, 꿈인 듯
구름같이 깨끗한 얼굴, 드물게 예쁜 데다 총명도
맑은 가을 공기 같았다지.
얼마나 좋으셨을까,
새 시대도 오고, 거기서
당신의 후세는 꿈같이
아름다울 테니까.

그때는 그랬던 때라 아들 욕심에
첫딸 뒤로 내리 아들만 여섯.
시장통 비린 화면 속,
시대의 조롱이 적응이 안 될 때마다

그래도 많은 자식, 하나쯤은 주인공을 바랐으나,
일찍이 첫딸을 예쁘게 키워본 뒤로
당신의 세상이 노엽고
당신의 굼뜬 처세가 노여운 위에,
그때마다 성에 차지 않는 눈앞의 자식들.
그 실망의 경로가
뚜렷하다.

그러지 않으셨으면 훨씬 덜 불편했을 테지만,
 끝까지 욕심을 내려놓지 않으셨으니 평생을 젊게 산 셈이지만,
 청년 이상주의자의 꿈같은 시절은
 다시 오지 않았다.

태풍 볼라벤 에피소드 세 개

1
어둔 하늘로
훤한 이마를 깔고
드디어 내리는 외계신의
재림이다!

소리꺼풀이 날아간 것인지,
기웅, 기우웅,
지구 돌아가는 소리,
지구가 당장 어찌 될 것 같은.

다른 날이 올 것 같지 않은,
근거 없는 두려움만이
그의 진리.

악의가 절로 새어나오는
악신의 신음.
-경외하라!
-경외하라!

2
아파트 앞마당의
작은 요구르트 병 두 개,
바람이 칠 때마다 다람쥐 타이밍으로
이쪽저쪽 통통 숨바꼭질,
잘도 구른다.
하나가 아니라 두 개라서
더 다람쥐 같다.

열아홉 살 살짝 방심이,
어디 갔다 오는지
마음 턱 놓고,
팔 벌리고 다리 벌리고
만만히 걷다가,
뒤에서 한 방 돌풍이 치자
팔다리가 풀쩍,
깜짝 놀라 냅다 줄행랑을 친다.

지하주차장에서 올라온
겁 없는 母子,
우산 하나씩 기대 쓰고 떠들며 가다가,
앞바람을 된통 맞고
우산이 홱 뒤집어지자,
든 교양만큼 높은 소리를

꽥! 내지른다.

쉬익!
지상으로 내리꽂히는
소리 제트 한 줄기,
경비실 옆 큰 나무가 세게 한 대 얻어맞았다.
큰 집채가 허공에서 휘청
무너졌다 일어선다.

3
개미는 혼자 살지 못한다.
우리 집 뒤 베란다에는 개미가 살지 않는데,
오늘 아침
작은 개미 한 마리가
뒤 베란다 너른 타일 바닥을
혼자 내달리고 있다.

갓 나온 듯 여린 색이
아마 앞 베란다 개미겠지.
어젯밤 태풍을 간보려고 잠깐 창문을 열었을 때,
그만 그 바람에
이승에서 저승으로 날아가듯 멀리,
같은 듯 다른 이 먼 곳으로

날려 온 것이지.

제 살던 앞 베란다와 꼭 같은 지리.
헤매고 당황하고,
헤매고 당황하고,
혼자서는 살 수 없는 거다.
혼자서는
가슴이 덜컥 내려앉는
낯선 곳이다.

지방법원 지원 앞

-더 할 말이 뭐 있나?

잦은 행사와 늦은 귀가 뒤의 독한 경멸, 그때 이미
사달이 난 것이라는,

난감한 '협의이혼의사확인신청서' 너머
가을하늘처럼 퍽도
시퍼런 분노,

-그 길엔 코스모스도 피었던데

무심히
흐른다.

잡초

우리가 언제 저 도회의 보석이나 되어 황홀히 빛나 본 적 있나.
널리고 널려 눈길 한번 받지 않고 제 안으로만 옹졸히 들어앉은 돌멩이로 살았는 걸.

우리가 언제 저 꽃들처럼 저도 모르게 아름다워 본 적 있나.
아무 것도 모르는 無明의 날벌레로 앙앙거려가며 아등바등 살다 가려고 살았는 걸.

아, 언제 우리가 보석처럼 꽃처럼 살아 본 적 있나.
사이사이 보이지 않는 그림자만 몰래 먼 노을에 실어 보내 보는, 숨은 마음을 하고 살았을 뿐인 걸.

秋情

하루가 다르게 살아서 바래어 가는 것을 보는 것은 얼마나 마음 아픈 일인가만,
색 바랜 나뭇잎이 가만히 흔들리는 사이로 보는 세상은 참으로 말갛다.

하늘이 파랗고 햇살이 탄탄해서 이윽고 정신이 망각으로 깨끗이 맑아지는 오후,
잎 바랜 가로수 아래서 퍼져오는, 오래된 마을버스의 볼멘소리가 외려 편안하다.

지나간 것은 돌아오지 않는다는 것조차 잊는 것이 이 계절의 마법이라지만,
번히 알아도, 살아있는 영혼이라면 누구도 이런 망각의 유혹을 떨쳐버릴 수가 없다.

동재야, 우리도 이사를 가자

동재야, 이 가을엔 이사를 가자.

나뭇잎도 그리운 빛을 띠고,
햇살도 그립게 비껴가고,
하늘도 무척 파란,

동재야, 그 가을 깊은 곳으로 이사를 가자.

그곳에 가면
네 정신도 맑게 돌아오고,
네 마음속 깊게 들어앉은 그 끝도 모를 두려움도
사라진다.

그곳에 가면
그 가을 풍경을,
그 그리운 세상 풍경을,
너도 네 마음껏 볼 수 있는 곳으로

동재야, 우리도 이사를 가자.

우리도 그곳을 가서,

너도 어쩌지 못하는, 너의 그 흉한 병도
그곳 깊은 가을빛으로
말끔히
낫자.

설계

바깥 풍경이 다 들어오는 가게를 하나 갖는 것은
이 도회에서 아름답게 살아가는 방식 가운데 하나이지.

그려지지 않는 지난밤 그림을 걷고 아침 문을 열면,
다시 하루 속살 맑은 햇살이 이른 마루를 쓸고,

처마 끝 그늘이 돌면, 방금 다녀간 쾌활한 아가씨의
예언에 꼭 맞춰서 하늘이 더 파랗게 물이 들고,

어디선가 한 무리 환호성이 들어서고 등을 켜면,
천국의 어스름이 내리고, 어둠이 천국에 들고,

안이 환히 다 들여다뵈는 가게는 이 거리의 비밀이 되고,
이 거리는 이 도회의 찬란한 성채가 되고,

내일 다시 이름 모르는 길에서 모퉁이를 돌면,
서로의 기억 속을 누구나 드나들어도 되는, 그런 설계이지.

첫눈

그 아이 이름이 잘 불러지지 않아요.
그 아이 차례가 되면 이상하게 이름 부르기를
그치거나 건너뛰게 돼요.

미울 리가요. 그럴 리도 없지만,
미우면 이름을 더 많이 불러주기로 한 걸요.

워낙 뛰어난 아이긴 해도, 그래서도 아니에요.
교실에서 이름 부르기는
사랑이거든요.

요즘 아이들은 얘기가 많죠. 그런 아이들 속에서
겸손과 다른 그 아이의 침묵을 봐요.
언젠가 길게 써낸, 등굣길 풍경 글 같은.

그 모습이 떠올라요.
정말 그런가 봐요, 그 느낌 때문에
그 아이 이름이 잘 불러지지 않는가 봐요.

아, 눈이 오네요.

3부

1월부터 여름까지

겨울 햇살

시린 뒤
아침 햇살.
보드랍고 따스한 위무 말고
바란다면,
무엇을 더 바랄까?

헝클어진 실타래.
모자라는 길이처럼
버리고 또 버리고 나면
남는 게 없는 걸,
무엇을 더 버릴까?

마른 가지와 먼 하늘 사이
무슨 일이 난 건지 새 한 마리,
빠르게 지나간다.
아무 일 아니기를.

칠한 대로 남는 그림판.
휑한 덧칠뿐,
그 어지럼 위에
무엇을 더 칠할까?

한밤중 소리

십 년 전
길 건너 저번 아파트에서는
깊은 밤이면 어디선가
-도스 돈돈 도스 돈
모스부호 타전하는 소리가 들리곤 해서,
-간첩인가?
-신고할까?
-확실해?
그러다 잠들곤 했다.

얼마 전부터
한밤중에
또는 바람 소리 뒤에
또는 빗소리 뒤에
또는 그 소리 뒤의 고요 뒤에
앞의 울림을 잇는
숨은 뒷소리,
삼킨 소리 뒤에서 우는
-저건 징 소리!
무당이 굿을 하고 있다.
저 어느 위층의

두꺼운 벽을 뚫고,
나에게만 밤에 자주
굿 소리가
들린다.

둘째 아이가
한밤중에 들떠서
혼자서 둘인 듯 소리하면,
다른 집에서
누가 이 소리가
들릴 듯 말 듯 들리면,
무엇을 들을까?
현실로 들을까?

오늘 밤엔 찬 바람 불고,
모두 잠들고,
-땅땅!
난방 파이프 살 트는 소리가
들린다,
나만
듣는다.

우리의 神

이건 사람이 아니다 싶다가도
다시 맞다 싶은 것은
말을 하기 때문이다.
말도 하고,
심지어 글도 읽고 쓸 줄 안다.
쓰임새가 없긴 하지만.

아무리 창조는 알 수 없는 일이라 해도
말은 기적일 텐데,
그게 제멋대로라면
주재는 해도 의사가 없는 거다.
반복과 줄 맞추기로
말뜻을 놓쳐버린.

우연이기보다는
뭔가가 더 잘못된,
원죄라기엔
틀어져도 너무 많이 뒤틀어진,
우리의 신이 있다면
아마 그러하리라. 그러니
능멸도 견딜 수 있는 것이고,

이 화평한 그림 위에 퍼질러지는
그 숱한 죄악도 벌하지 않는 것이고,
그 무엇보다,
첫 기억에 갇혀버린 이 천사를
못 알아보는 거지.

온종일
아무것도 할 일이 없는 그 긴 시간,
-돼, 안 돼, 안 돼, 돼.
생각이라곤 자꾸 맴만 도는,
머릿속 맴이 자꾸 눈앞을 덮는,
미치지 않으면
그게 오히려 이상하지,
괴롭게 온종일이
어지러운.

그렇다고 겁먹을 필요는 없을 것 같다.
괴롭다가 정 못 견디게 괴로우면,
그때 잠깐 눈이 돌아가서
제 아비의 이름을 불러대는,
그런 허약한 증오 말고는,
사람을 물어뜯거나,
물건을 때려 부수거나,
대개는 그러지 않으니까.

어느 몸도 마음도 가벼워지는
날 맑은 날,
-나 됐나 봐.
잠깐의 제정신이 불쑥 찾아들면,
벽에 기대고 누워
다리도 꼬고,
콧노래를 내고,
말재주까지 부려가며
연방 즐거운 발화와 응대,
분명한 천국.

-아빠 괜찮아요?
절망하는 제 아비의 기색을 살피며
이마를 살짝 손대어보는,
보드라운 손.
오, 정도 많은
우리의 신!

공릉천 둑방길에서

더 옛날,
정이 많던 또 누군가에게
멀고
멀었을
공릉천 둑방길.

오르면 들판 끝,
갑작스런 성채 위,
삐져나오다 겨우 멈춘 어느 유리창
햇살 아래 나른한 젊은 가난이거든,
착각으로라도 부디
행복하기를.

저만치
또 저만치 떠가는
그 옛날 보고픔보다는,
저 기색 없는 공릉천 흐름처럼
모르면 몰라도 되는 가난이기를,
초라해도 되는
사랑이기를.

오늘 이 바람,
돌풍으로 휘몰아쳐도
왠지 겨울 것처럼 독하질 않고,
부드러워,
부드러워,
그 옛날 잔칫날
바람 같아.

봄에
-노인의 노래 2

이 좋은 봄날이
왜 싫으냐고?

추위가 가시고,
새순이 돋고,
담장 따라 꽃들이 줄을 짓기 시작하면,
아무래도 기분이 낫긴 하지.

그러나 위로가 되지는 못해.
달라질 게 없거든.

험상궂은 겨울에 비하면
고운 봄이 그나마 낫긴 해도,
오는 것도 섧고,
가는 것도 섧고,
꼭 그 짝이지.

어중간히 이럭저럭 살았던 생에게도
봄날은
새 날이거든.

流星
-영원한 소멸을 위한 만가

먼 도회의 불빛이 발끝에 닿는,
건너면
그곳.

밤 푸른 풀숲으로
쏟아지는 별빛, 그 침묵 사이로

가슴이 솟는 여름날의,
다가서며 하얗게 어지럼을 쏟던,

영원을 두고 그리던
그 사랑을
맺는 날.

연꽃

아무리 모욕을 줘도 아침이면,
자랑처럼 봉오리 열고
다시 피는 꽃.

달리 없는 이 시공의
한 송이뿐인 생이니만큼,

정갈히 살다가
정갈히 떠나라.

부디 이 욕정을
잊지 마라.

아무리 사랑이 아니라 여겨도
사랑이니까.

素描

먼 여행에서
이제 막 돌아온 도시.

뜨거운 그늘 밑,
처진 눈을 하고
할 일을 잊는다.
-여긴 무슨 일로 온 거지?

느낌과 현실의
부산한 교차,
돌발하는 뜀박질.

후드득 빗방울이 듣더니,
싸악 드러나는
또렷한 터치.

비 그치고 햇빛 나자
쏟아지는 산뜻함.

여름 시장

과일은 여물 때
못살게 괴롭혀주면,
살도 더 차오르고
향기도 진하단다.

숨이 턱턱 막히는
땡볕 좌판.

사느라고 부대끼며
탱탱 돋는 살집,
살아보려고 바동대는
고단한 향기.

햇살의 등쌀이 괴론
열매들의 난장!

모기약 단상

당신들의 피 빨아먹고 새끼를 치는
우리의 번식방식이 증오스럽다는 걸
인정할 수밖에.
교활히 집착하는
그 집요한 이기,
피 빨리고 나면
탱글탱글 가려움이 부풀어 오르는
그 밉살스러움.
죽이고 싶다는 거 인정해.
그렇지만 아무리 밉다고 해도
그건 아니지.
그 이상한 냄새로
있는 속 없는 속
다 뒤집어서 죽일 건 뭐야?
쉬운 일은 아니겠지만,
당신들의 그 잘하는 손뼉으로
그냥 탁 때려죽이면,
죽이는 당신들도,
죽는 우리도,
서로가 통쾌하잖아.
당신들이라면,

간밤 폭주로 속 뒤집혀서
골패고 사지 바동대다 죽으면,
죽는 게 좋겠어?
왜 당신들 머리 좋잖아?
그 좋은 머리로
아주아주 기발한 방법으로
제발 우리들 이 나쁜 종자의
씨를 싹 쓸어버려.
개운히 사라져줄 테니까.
우리도 이렇게 사는 게
몹시 피곤하거든.

매미타령

어릴 땐 참매미가 참 참하게 생겼더니,
먹을 나이 다 먹어서 그런지
지금은 징그럽다.

밤낮없이 악악대는 말매미도
예전에는 바람결에 울었다 그쳤다
잠결 같았다.

세월 달라진다는 게 그런 건지,
그때는 저런 매미 가지고도
하는 이야기가 재밌었다.

음악성 좋은 씨롱메롱 매미가
요새는 안 들린다.
셋째 형이 보고 싶다.

또 세월은 가리

이 푸른 때를 들렀다 증발해버린 기억들은
몇이나 될까?

구름일까,
보이지 않는 바람일지도.

기슭의 겹쳐 푸른 저 큰 나무들의 여름은
어찌 저리 슬퍼 보이는 걸까?

무심히 흔들리는
그 무심 때문일까,

푸른 흔들림 뒤 남기고 갈 날들이
미리 슬픈 것인지도.

4부

가을 이후

핏불 테리어

1
한때는 모든 살아있는 것들의 선의에 유혹돼서
끝없이 맴을 돌던
어릿광대.

무엇을 해도 싫증이 나지 않는 것은
나의 자랑.
어느 푸른 봄날,
풋향기 들풀 위에서
웃음기 없는 내 그림자를 만나
이빨을 대며 서로의
재미를 다투었지.
숨이 부딪히고
햇살이 꺾이더니,
생명이 아닌 어느 절정에서
세상의 모든 소리가 멎고,
그 많던 내 웃음이 없어지고,
놈의 깊숙한 입질만이
내 안의 적의를
발갛게 발겨내고 있더군.
물고, 흔들고, 젖히고, 부러뜨리고,

긴 폭력 뒤엔 희망처럼
모든 선의를 지우고도 남는
쾌감이 번져왔지.

여기는 神의 땅.
살아있는 것들의
서열을 증명하는 싸움 따윈
관심 없어.
내가 고통이 아니므로 난
내 목줄이 끊어지는 것 따위가
두렵지 않아.
산다는 것은
살아있는 것들과의 불화,
내일이 없는 이곳의 난
생명이 아니야.

문명을 사는 神의 족속 곁에서 난
그들을 경배하지.
어쩌면 난 그들보다
싸움을 더 잘하는 것인지도 몰라.
그러나 왠지 그들에게는 덤빌 수가 없어.
저들에게는 무엇을 알면 그것을 새로
더 낫게 알아가는 재주가 있어.
내일이면 오늘보다

더 굉장한 무엇을 알아내지.
어쨌든 좋아. 그들은 그렇게 거룩하고,
따분하긴 해도 난
그들과 잘 지내고 있으니까.
그들 말고도 살아 움직이는 것들은
널리고 널렸으니까.

저기 봐, 저기 저 놈,
나를 보고 있어.
풀어줘, 참을 수 없어,
어서! 어서! 어서!

2
우리가 알고 있듯이,
그는 지독히 사나운 족속의
어리광 많은 종의
다시 그 어린 종.
어리광이 부풀어진 위에
다가올 두려움을 지운 다음
살기를 프로그램하면,
어린 악마의 작기를 한
탱탱한 고무질의 몸통.
탄력이 과잉한 그에게는

생명에서 오는 고통이
느껴지지 않는다.

기계적 작출 뒤에 숨은
또 다른 그의 비밀.
어릴 때 한번 길들여 놓으면
영원히 神을 거역하지 못하는,
더하여 神의 회개와도 타협되지 않는,
비가역적 폭력의 복종.
비 들지 않는 양철지붕 아래서 듣는,
잘 마른 빗소리 같은.

언제나 싸움에 목숨을 거는 그의 얼굴에는 이제
우리가 그의 神이라는 사실이 믿기지 않는 靈氣가
흐른다.
또는 우리가 그의 神이라는 사실이
가장 잘 실감나는,
조작된 혁명의
광기 같은,
섬뜩한
소외!

아침 텃밭에서

수요일 아침
일곱 시에 집을 나서서,
농협대 귀농학교 실습지 텃밭.
긴 이랑의 반그늘 밑에
혼자 쪼그리고 앉아,
지난 일요일에 심고 남은
씨를 마저 심는다.

이십 센티미터 간격으로
손가락 세워 줄을 긋고,
줄 따라 졸졸 청갓 씨를 뿌리고,
흙을 덮는다.

몇 줄을 심었는지,
어느새 햇살이 뒤따라와
내 오른 어깨를 건들더니
이내 왼 자리를 지나며,
그렇게 굼떠서 땅 파먹고 살겠냐고
재촉한다.

줄 긋고, 씨 뿌리고, 흙 덮고,

서둘러 보지만,
한번 지나간 햇살은
다시 잡히지 않고
자꾸 더 멀리
달아난다.

가을배추 밭에서

이상타.
같은 밭,
같은 모종인데,
꼭 당하는 놈만
당한다.

아이 때 본,
매 맞는 바보 마냥
꽁꽁 웅크리다,
겉잎부터 차츰
팔다리 풀어지듯 풀어져선
마침내 널브러진다.

어차피 다 못할 생명,
뽑아버리면 그뿐이지만,
그 삶이 참 안 됐게
곤곤하다.

이상타.
꼭 당하는 놈에게만
진딧물, 청벌레, 파방나방,

징글징글
다 꼬이는 것은.

달빛 환상

질린 거리.
그림자 건물.

구릉 위 동네.
홀로 환한 창.

어느 젊은 아낙의
창백한 다짐.

흔들리는 가지.
사각대는 나뭇잎.

보이지 않는 것이 없는,
처음 본 경지.

작품
-續 肖像

이를테면 꽃잎을
거울 속 지침대로
햇살이 한 것보다 더 산뜻이 그린 것뿐인데,
과격한 빛들이 부풀더니, 곧
그 의미가 심각히
분명해졌다.

자신의 아름다움이 암시였다.
되비치는 제 빛살에
쨍그랑 깨지는
빛줄기다.

황홀한 자기 부정의
파편들.

잠깐의
스캔들이었다.

강

어디라도 아득히
가면 좋은
강줄기.

난 길 따라 가는 길이거나,
남은 길 마저 가는 길이거나,

먼 자락 이내 어리거든
미련처럼 뒤돌아도 보리만,

시름, 번뇌, 득의, 열락,
저 혼자 다 벗어놓고,

왜 가는 데까지 가는 강물은
시퍼런 하늘에나 어울리는
후회 같은지
몰라.

석양에

오늘은
저 메아리,
붉어서 붉다.
바람처럼 산다더니
가맣게 멀어지는,
밝아서 몸 가벼웠기로
못내 붉게 떨어지는,
긴 산릉의 어둑한 침묵 속으로
예감처럼 수월히 사라지는,
눈물처럼 커다랗게
해가 진다.

참 고약타

밤 11시 영등포.
정류장 뒤 끝에서
운 좋게 올라탄 버스.
앞쪽에서 사람들이 우르르 뛰어오는데,
앞 버스 앞질러
정류장 맨 앞에다 갖다 댄다.

생사람을
앞으로 뒤로 휘두르는 꼴이 아니꼬왔든지,
아니면 아직 덜 간절했던지,
미적거리다 뒤늦게
뛰어오는 중년.
못 봤는지
출발한다.

가는 정류장마다
앞쪽이면 뒤쪽으로,
뒤쪽이면 앞쪽으로,
탈 사람과 어긋나게 버스를 댄다.

사람 많이 타는 당산역.

타는 사람들을 외면하고,
볼 데 없이 앞만 본다.
볼이 패고 입을 굳게 다문
꼿꼿한 사람이다.

어느 부인이 묻는다.
-일산 바로 갑니까?
앞만 보고 대답한다.
-바로 가는 건지 몰라도, 일산은 가요!
그 부인이 물러선다.

뻔하다.
당산역에서 일산 가는 버스는
자유로 타고 일산 바로 간다고 누가 일러줬던 거고,
그 부인은 그걸 잘못 새겨서 물었던 거고,
그도 그것을 안다.

일산에 들어서자 정류장마다
맨 뒤쪽으로 버스를 댄다.
다른 버스가 없어도 매번 그런다.
당연히 횡단보도는 모두
정류장 앞쪽에 있다. 설계가 그렇다.
안전운행을 핑계 댈 거다.
고의를 증명하기가 쉽지 않다.

11월 초 밤 12시 일산 주엽동,
아파트 가로수마저
고약한 냉기에 쏘여
진저리를 친다.

세월타령

나아질 것 하나 없는 통계 속에서도
반들반들 살림을 사는 차분한 표정들,
어디서 오는 것인지, 없던 시절인데도
그때는 그런 표정이 참 많았던 것 같다.

그때는 겨울이라도 뒷골목 담장이 꼭
그 집집의 착한 사람들 얼굴 같았다.
착각이겠지만, 요새보다 그때 겨울이
맵시 고운 사람도 더 많았던 것 같다.

지금 아이들도 지금의 내 나이 되면,
이 시절을 그런 기분으로 기억할까?
쓰린 상처 위에 닿는 거즈 같은,
그런 아릿한 그리움으로.

낙천

밤은 도저히 하루가 끝나지 않을 것 같은 이의 머리맡에 내려서, 그 이불 더운 몸살을 다독인다. 하얗게 날밤을 샌, 불길한 생애의 꺼진 눈까풀 위로 마침내 아침은 환히 밝아온다.

사막에서 나무 한 그루가 피면 그게 천국일 텐데, 우린 이 천국에게 바라는 것이 너무 많다. 유령이 아닌 온갖 산 생명들이 기를 쓰고 찾아오는 이곳, 때 되면 어미가 제 모성을 잃어버려도 되듯, 이제는 그만 그 모든 염세의 제단을 기억에서 깨끗이 지워버릴 일이다.

호흡 혼란한 하늘 너머, 오늘도 우리는 도착지 미정의 대륙횡단열차를 타고 멀리 중앙아시아의 맑은 호수 어디쯤을 지나가고 있을 것이다. 오래전의 시효 지난 소망일 뿐이지만, 그래도 모두들 단정한 얼굴로 예쁘게 잘 살고 있을 것이므로.

호미걸이

큰집으로 설음식 하러 간 집사람에게서 전화가 왔다.
여보세요, 어머님이 할 말씀 있으시데요.
나다. 지금부터 내가 하는 말 잘 들어라.
잘못 살면 하는 짓마다 잘못이 많다.
노인네한테 또 뭐라고 일러바친 거야?
저녁에 에미가 호매 가지고 갈 거다. 예?
호미! 올라올 때 가지고 왔다.
오늘 자기 전에 에미가 그걸 주거든,
안방 잠자리에서 목에 걸고
기어서 화장실로 가. 일어지지 말고.
화장실에 가 있으면, 에미가 떡국을 줄 거다.
주거든 세 숟가락 떠먹고,
어따, 환갑 땜 잘했다 하고는
다시 고대로 기어서 잠자리로 돌아와.
다 와서 호미 내려놓으면 돼.
네 형들도, 형수도 다 했다.
엄중한 어조,
다른 설명이 없으시다.
재작년 환갑에 세상을 뜬 미국의 셋째 형은
호미걸이를 안 했다.
섣달그믐 오후

겨울 창에 섰다.
마른 가지 너머로
삼십 킬로그램 아흔 노인네가
백만 원군이었다.

목련꽃 아닌 향기가

여기 오는 새벽길에
목련꽃 밑을 지나는데,
목련꽃 아닌 다른 향기가 나더라 하면,
믿겠느냐?

왜 그런지,
여덟 살 학교 미술시간에 나던,
그 오래전 크레용 냄새가.

뉴스에서 듣는 새벽은
어둔 죄들의 뒤끝일 텐데,
오늘 새벽길엔 지나는 사람마다
모두가 착한 사람 같아.
그런 착각도 있겠지.

너희도 먼 길 떠날 땐 이젠
새벽에 떠나기로 하지.
새벽은 참 맑은 세상이더라,
몸도 가볍고.

여기 오는 새벽길에

목련꽃 밑을 지나는데,
여덟 살 그때 크레용 냄새가 나더라 하면,
믿겠느냐?

어떤 재회

 이제 터널을 지나 모퉁이를 돌면, 언제나 나무 푸른 길목에서 가슴이 뛰던, 기억 속 도회에 닿는다!

 어떤 모습일까? 명랑히 성큼 다가서는 만남의 느낌이 익숙했듯 반가움이 어색치 않겠지만,

 그 눈부신 계절에 마땅한 귀환을 속셈하는, 내 오랜 습성의 까닭이었던 사람,

 마주 앉으면 그때처럼 그 눈을 들여다볼 수 있을까? 그 눈이 보는 내 눈은 어디를 보고 있을까?

5부

이 시골로
살러 오지
않았으면

이 시골로 살러 오지 않았으면

이 시골로 살러 오지 않았으면
어찌 알았으랴.

하늘이 열린다더니 파란 하늘이 정말
파랗게 열리는 줄,

늦은 햇살 속 구릉마다 갖은 이야기가 가만히
제 물색으로 물들어가는 줄,

큰달 뜨면 온 마을이 온밤 내 환하다가
새벽조차 환히 눈뜨고 맞는 줄,

이 시골로 살러 오지 않았으면
어찌 알았으랴.

두부가 왔습니다

'두부가 왔습니다. 두부가 왔습니다.
따끈따끈하고 맛있는
두부가 왔습니다.'

읍의 장날만 되면 읍에서
두부 장수 차가 온다.
장날에 장 못 가는 사람의 심기를
달래주러.

'생산 공장에서 직접 만들어왔기 때문에
두부가 아주 크고 맛있는
두부가 왔습니다.'

처음엔 그 문법이 우습다가, 자꾸 들으면
말이 된다,
운율도 맞고.

별

밤 열두 시
캄캄한 방,
기척 없이
눈뜨고
앉았네.

따시기나 해라,
군불 넣고,
캄캄한 하늘
올려다보면,
별이 쏟네,
쏟아지네.

야간병실

살아서는 어디까지
가는 건가?

죽음,
그 서늘한 섭리 아래
하얗게 바래는
확신.

여긴 아까 잠이 들던
그 방이 아니라고,
생시가 아니라고,
수면제 맞고
잠을 깬
소란.

힘들이지 않고도 상냥한 그쪽
말대로, 맘이 둥둥 떠가도
죽은 것이 아니라고
치자, 둥둥 떠서
어디로 가지?

한밤 병실 소동으로 쫓겨난 비상구 밖
철제 계단, 난간의 높이를 날아
밤 겨울 벌판 너머로, 하얀
밤 병동이 떠간다.

뻐꾸기

검은 산에
연둣빛 돌면,
골짝마다 그립고
그리운 소리
뱉어내지.
공연장
긴 회랑을 울리는
슬픈 단조의 기만.
태생이 지독해도
그리운 것은
그리운 법이라고,
산그늘에
몸 숨기고
그립게,
그립게만.

쌍쌍 나비들 팔락팔락 하늘로 오르는 날

흰 나비 하나,
마당 모종장의 차광막에 갇혀,
들어온 자리 잊고
바람 드는 쪽으로만
부딪혀보면 아니고,
부딪혀보면 아니고,
헤어나질 못한다.
-미련키는.

한참을 그러기로 지쳐갈 즈음,
또 한 나비 날아들어,
희롱인지,
접붙이인지,
몸 순간 부딪혔다가
펄쩍 튕기더니,
얼떨결에 -놀라워라.-
빠져나왔다.
-재수 좋기는.

작은 승리

해 부쩍
길어지는 날
온종일 빈둥거리다가,
쨍그려 붙인 눈,
눈치가 보여,
있는 문 모두 쾅쾅 열어젖히고
청소기 윙윙 밀어댄 뒤,
어깨 좍 펴고
동산에 오르니,
내 집 내가 건사한 공로가 얼마나 크게 통쾌하던지,
해거름 아래 온 동네 집들이
참한 여학생 얼굴을 하고
날 올려보더라.

가지 밭에서

누군가가 그러데, 어떤 문제에서 물음을
정식화할 수 있으면 이미 문제 해결을
반 이상 해낸 셈이라고.

들쭉날쭉 삐딱 밭에 가지를 심고,
이랑마다 포기 수가 달라서 넷 또는 다섯 셈으로
세울 지주 수를 묻고 있었다.

가지 밭 맞은편 새 집 짓는 목수는
이리저리 갸웃갸웃 머릿속 셈을 따라
없는 칸 치수를 묻고 있었다.

저 아래 새 3번 국도 공사장의 하얀 안전모 둘이
설계도를 들고 위쪽 아래쪽 팔 셈을 하며
길 낼 길을 묻고 있었다.

날들이 지나고 나면 언젠가는, 가지가 달리고,
새 집이 들어서고,
큰길이 번듯이 날 것이다.

가지 밭 옆으로

마을 노인 한 분이 지나가신다.
-어디 가십니까?

귀신이 없다고는 못 해

오십 센티 간격으로
가지를 심은 이랑 위로,
네댓 포기마다 하나씩 쇠 파이프 지주를 박은 뒤,
지주에서 지주로 강선 활대를 걸치고는,
한 포기에 한 줄씩 활대에서
유인 끈을 매달아 내린다.

유인 끈을 가지 줄기에
집게로 집고 나가다 보면,
한두 군데 끈을 빼먹은 데가 있거나,
어떤 활대엔 끈이 하나 더 매달려 있기도 하다.
사람 일이란 원래 그런 거다.

그런데 사람이 아무리 정신이 없다고 해도,
빼먹은 끈이 다음 줄 이랑의 빈 활대에
떡하니 하나가 미리 매달려 있는 것은
어찌 된 건가.

제정신이면 이 이랑에서 끈을 매달다가 무단히
뒤돌아 뒷이랑 활대에다 끈을 매달진 않는다.
귀신의 장난이 아니고선

그럴 순 없는 거다.

묵은 묘가 한 기,
밭모퉁이에 붙어있긴 하다.

노린재 죽음

창고 짓고 바닥에
비닐장판을 깔았더니,
방패보다는 덜 징그러운,
둥글고 작은 노린재가
어떻게 미끄러졌는지
몸 뒤집혀져서는,
허공에 발을 허우적대며
긴 뒷다리를 앞뒤로
노 젓듯이 크게 휘저어도,
몸은 도저히
뒤집어지지 않는다.

날개 펴서 날갯짓 한번 하면
대번 몸 바로 세우겠구먼,
그게 프로그램 되어있지 않은 건지
밤새 허우적대다 지쳐,
여섯 다리 허공에 세우고
고대로 죽어있다.

늦여름에 부르는 노래

그들이 꿈을 꾸면 그 안의
세상은 혼곤한 안개 속이지만,
내가 꾸는 꿈속의
그들에게 내 꿈은 그들의
정연한 현실.

한여름 밤,
눈 감으면 망막 위로
제각각 이야기를 해대는,
눈 뜨고 그 소란이 다 들려서는
너무 어지러워, 내 꿈속의
수풀조차 가뭄 때 풀잎처럼 시들고 말아.
내가 눈을 뜨면 그들에게서 별들이
사라지는 까닭이지.

비바람이 치는 건
내 마음의 혼란 같은 것,
그건 내 꿈속의 그들뿐 아니라
나도 점칠 수 없는 일.
다만 어둠 속을 떠가는 그들의 가냘픈 처지가
빗소리 음절마다 흔들리는 그들의

탁자 위 촛불처럼 새삼스러울 뿐.

이 골짜기 여름에서 저 골짜기 가을로
성큼 걸음 내디디면, 그들의 시간은
그늘에 들며 한더위 식혀보는
잠깐의 쉼이 아니라, 어느덧
거친 노정을 뒤돌아보는
금빛 노을에
닿지.

겨울 심야버스

우리가 가는
저 깊은 어둠 속에서는,
그 어떤 우리의 은밀한 연정도 잊어야 하는 것이리라.
유혹이 즐비한, 휘황한 홍등의 거리에서나,
먼 동네 골목에 멈춰선, 키 작은 외등 밑에서나,
밤 겨울의 어디선들 옷깃 속 따스한 젖살이 애틋치 않으랴만,
잊고 떠나도 되리라.
우리의 그것이 그렇게 대단한 사랑은 아니었으므로.
잊고 다시 그리워하는 것이 우리의 습성이므로.

가지 밭 기억

　집배원은 동네 악질의 집에도 똑같이 공평하게 편지를 배달해 준다. 편지 배달은 악질을 구분하는 일이 아니기 때문이다.

　숨이 턱턱 막히던 지난여름 가지 밭. 저 혼자 살겠다고 다른 잎 다 가리는 큰 잎들의 생리가 미워서 가위질을 해대고 있었다.

　가지 잎 솎아내기는 가지 많이 달리라고 사람이 만든 공식일 뿐, 악질 골라내기가 아니었다. 집배원의 보편주의적인 직업에 화낼 일이 아니듯, 작물의 생리도 성낼 일이 아니었다.

　공기 깔끔한 가을 가지 밭에서 하는 여름의 기억은 그런 것이었다.

가지 밭 메모

가지를 딸 땐,
살다가 생긴 빚이 없나 살피듯 한 번씩 꼭 뒤돌아볼 것.
빠뜨리고 지나쳐온 가지가 반드시 있을 것임.

가지를 딸 땐,
지나온 곳 미련 두지 말고 뒤돌아보지 말 것.
빠뜨린 가지 챙기다가는 오늘 공판장에 실어 보내지 못함.

농사꾼

지금은 사라진 옛날 황초굴의 그리운 정경을 가슴에 나마 징겨 놓으려고 담배 끊지 않는 것이 아니다.

대학병원 의사가 술 더 마시면 죽는다고 했는데, 술 더 마시고 죽는다. 술맛에 환장해서 그러는 게 결코 아니다.

사지 틀어져서 절뚝대며 걷는 꼴이 보기 흉하다는 걸 모르는 게 아니다. 그리 될 줄 번히 알고도 그렇게 된 것이지.

아무리 시골구석이라고 해도 예쁜 걸 예쁜 줄 모를까. 예쁜 옷이 어울리지 않는 촌티가 부끄러워서 안 사 입는 거지.

농사지으면서 글 쓴다고 해서 나도 그런 줄 알았다. 나는 도통 저녁만 먹고 나면 잠이 쏟아져서 버틸 수가 없다.

6부

짧은 여행

산불 소동

(간밤 강원도 어디선가 22시간짜리 산불.)
(우중충한 봄날, 시계 흐릿.)

(오전 11시 반, 위천 7호 초소 무전.)
7호, "웅양 우랑 흰데미 7부쯤에 깃발!"
거창 본부, 웅양 8호 초소 호출.
8호, 깃발 없음 확인.
본부, 7호에 깃발 재차 확인 지시.
7호, 재차 깃발 확인 보고.
8호, 바로 눈앞 산사태 오인 가능성 지적.
본부, 8호 아웃 지시.
본부, 본부 진화대 출동 지시.
본부, 웅양 산불감시원 질책.

본부, 웅양 감시원들에게 깃발 위치 확인 보고 지시.
본부, 본부 물차에게 깃발 확인 지시.
본부 물차, 우랑과 금광마을 사이 7부 능선 검은 깃발 보고.
(물차와 함께 이동하던 웅양 감시원은 깃발을 보지 못함.)
본부, 웅양 감시원에게 차 버리고 흰데미산 7부

능선으로 걸어서 올라갈 것을 지시.

본부, "본부 진화대, 웅양면사무소에서 대기하기 바랍니다!"

(웅양 감시원들, 우랑으로, 금광으로, 우왕좌왕.)

본부, 7호 초소에게 깃발 확인 지시.

7호 초소, 깃발 여전함 보고.

웅양 감시원, 깃발 보이지 않음 보고.

본부, "어디 있는 거야? 왜 거기 있어? 말귀도 못 알아들어?"

웅양 감시원, "예, 알았습니다."

본부, "7호 초소에서 보내온 깃발 사진도 있어!"

('이상하잖아. 벌써 1시간이 지났는데도 같은 자리 연기면, 산불이 아니잖아.')

산림과장, "7호 초소가 보낸 사진 좀 보내줘 봐요."

산림과장, "8호 초소!"

8호, "예, 8홉니다."

산림과장, "어때요?"

8호, "산사태 난 걸 깃발로 오해한 것 같습니다. 8호 초소에서 빤히 보입니다. 사진 보니 산사태 난 겁니다. 오인한 것 같습니다."

(상황 끝.)

본부, "본부 진화대, 수고 많았습니다. 철수하시기 바랍니다."

　(연무 낀 흰데미산 골짜구니에 찌부등히 남은 반말 찌꺼기와 모멸감.)

- 위천: 경남 거창군 위천면.
- 초소: 산 위의 산불 감시 고정 초소.
- 웅양: 경남 거창군 웅양면.
- 우랑: 웅양면 산 속 해발 700m 작은 분지 마을.
- 흰데미: 우랑마을 뒤 해발 1,050m 산.
- 깃발: 연기의 은어.
- 산불 감시원: 면 지역 내 담당구역을 이동 순찰.
- 산림과장: 군 단위 산불 업무는 군청 산림과에서 담당.

진달래

올봄도
비 두어 번 오고 봄볕 들자
속절없이 피고 말아,
바보 같아.
바보 같아서
반가운 꽃,
진달래.

꽃 내지 않고,
투정도 부리고,
해보지, 해보진 않고,
빈 동산에 산비탈에
피는 대로 피어서
부끄러운 꽃,
분홍빛.

만화 '푸른 계절'

'푸른 계절' 말고는
더 붙은 제목이 기억나지 않지만,
대읍에서 버스 갈아타고 내린,
만화 속 소읍, 낡은
농장 트럭이 마중 나온.
교실 그림자가 얕게 누운
교정 둘레로 키 높은
전나무들이 멀끔히 섰고, 드높은
첨탑에 뭉게구름이 걸린,
우체국 앞 큰길 따라 잎 짙은
가로수가 긴 줄을 지은.
교회 가는 일요일마다 문을 닫는
담배 가게의 규칙만큼 또는
적산가옥 담장을 넘는
잡가 가사만큼 수속 간단한
단선들의 픽션 공간,
차라리 그랬으면.

멍게

그것 참 희한하게,
멍게는 동물인데
뇌가 없단다.

처음엔 있었는데,
있던 것을
자리 찾아 나설 때 잠깐 쓰고는,
자리 잡고 나면
먹어 치운단다.

그러면 그렇지.
뇌 없이 바위에 붙어
바다풀처럼 살았으니,
그 살이 비린내 없이
바다내만 나는 것.

장치 복잡한 육신들의
그 비릿한 통증보다
얼마나 향기롭냐,
뇌 없는
멍게는.

우두령 찬가

그대 가슴속 봄빛이
그곳의 소곳한 맵시를 닮고
십 리 길 벚꽃으로 피는

그대 가슴속 여름빛이
그곳의 명쾌한 지리를 닮고
봉우산 푸른 산그늘에 드는

그대 가슴속 가을빛이
그곳의 살가운 속내를 닮고
단풍길 스무 구비를 여는

그대 가슴속 겨울빛이
그곳의 해맑은 造化를 닮고
설산 위 순백의 예지로 솟는

· 우두령: 경남 거창과 경북 김천을 경계 짓는 큰 고개. 해발 600m.
· 봉우산: 우두령 서쪽으로 곧바로 치솟은 산. 봉수산의 轉音. 실제로 산 정상부에 봉수대가 있음. 해발 900m.
· 雪山: 붓다의 雪山修道. 실제로 우두령 동편의 겨울 설산인 兩角山(해발 1150m) 능선은 修道山으로 이어짐.

천문학자

우주는 거대한 물리.

생명은 그 우주 속 작은 먼지가 살짝 떴다 가라앉는 정도의 미약한 현상일 뿐이고,

꿈은 그 먼지를 불어서 날리는 작은 바람일 것이며,

윤리는 그 바람을 타고 교묘해진 풀잎 같은, 잘 다듬어진 질서일 뿐,

그렇게 우주는 보기보다 생생하지.

그런 믿음이 없고서야 어떻게 날마다 허공만 쳐다보고 살겠나?

그래도 생명의 배후엔 우주의 넓이로 무엇이 있어도 있는 것.

그 거대를 담는 그릇이 요청되듯이 우주를 친절히 잘도 설명해 내는,

인상 좋고, 약간은 연극배우 같은 허풍도 끼었다, 나는.

알 만큼 알고 나면, 세상을 다 아는 구름 속 현자처럼

허구한 날 너른 우주 속을 놀아도 잘 먹고 잘 살 수 있다. 이걸 누가 알겠나?

이 절묘한 생계의 이치를.

짧은 여행

사과밭에서

너른 세상에
수도 없이 줄지어 선
우리가 저렇겠지.

밑둥치 모양이 제각각이고,
가지도 다 다르게 뻗고,
하나같다 싶어도 자세히 보면,
같은 가지에 난 잎도 다르고, 꽃도 다르고.
그런데도 어쨌든 모두 다 같은 사과나무다.

바람 지나는 길목이라서 자주 흔들리고,
아니라서 덜 흔들리고 하지만,
사과 달고, 잎 지고, 한겨울 나고, 또 새봄에 싹 틔우고 하기는
모두가 매한가지다.

너른 세상에 수도 없이 줄지어 선 우리가 그런 거다.
줄지어 한 해씩 살면서
얼마큼은 서로 다르겠지.
그래도 어깨 맞추고 살아가기는
서로가 마찬가지다.

슈퍼 문

2018년 1월 1일,
음력 11월 15일.

서산으로 올해 첫날 해가 커다랗게 지자,
동쪽 산으론 저울 기울면 꼬리가 위로 오르듯 정확히
꼭 그렇게 큼직한 보름달이 떴다,
말갛게 다시 빚은 해 모양을 하고.
동쪽 서쪽 산 높이가 이렇게 하늘 시간과 맞춰
절묘할 수 없는 거다. 이 동네에
이런 곳 없다. 세상천지에
이런 곳 없을 거다.
올해 운수가 대통할랑갑다.
앞으로 내내 이 집 운수가
대통할랑갑다.

산그늘 집

작은 동산 밑
돌아나간 길 옆,
일월 오후 세 시의 산그늘로 지은 집.

좀 춥고,
좀 일찍 어두우면 어때?
두어 시간 일찍 불 넣고 등 켜면,
분위기 있고 좋잖아?
뭐, 어때? 옷 두툼히 입고
조금 창백히 사는 것뿐인데.
감각 있어 보이고, 뭘 좀 아는 거지.
완벽히 병들지 않고 사는 것도 따분해.
해 없는 날, 눈이라도 오시면
더 멋지고.

그 집, 지난달
일일구 구급차에 실려 갔는데,
집이 비었던데.
아직 안 왔데.
뒷마당엔 낙엽이 수북하고.
몰랐어? 길동산 밑

그늘지는 그 집, 말이야.
무슨 희귀병이라던데.
돌아오지 못할 거라던데.

일월 오후 세 시,
격자창, 담쟁이 벽, 벽돌 굴뚝이
맑은 겨울 하늘과 무척 잘 어울리는,
동산 밑 길옆 집이
산그늘에 잠긴다.

오늘도 그 노년은

오늘도 그 노년은 빨간 점퍼 부품히 입고,
오른 걸음은 길게,
왼 걸음은 짧게,
살짝 기우뚱
허황친 않은 품새로
곧게 뻗은 논길을,
끝나면 잠깐의 망설임도 없이
꺾어서 또 곧게 큰길로
걸어가고 있을 거다.

어느 날에는 무단히 안개 속으로 사라지기는 해도,
수십 년을 하루도 거르지 않고 같은 길을
같은 걸음으로 맴돌았으니,
후우, 맴돌기만 했으니
도는 텄을 거다,
그 길에는.
그 길을 걷는 데에는.
아무 소용이야 없을 테지만.

세수는 하는지 컴컴한 얼굴로
오늘도 그 동네 이 길 저 길을 벗어나진 않고,

빼놓지 않고,
볼 일이 꼭 있는 사람의
똑똑한 걸음으로 빨간 점퍼가
걸어가고 있을 거다.
시간이 가는 양을 보는 거다.
시간 사용법을
제대로 아는 거다.

그 노년이 지날 때 지나가는 말로
가게 안에서 누가 그랬다.
그 노년, 앞 못 본 지
오래됐다고.

벌목

사람의 생각이 줄기를 내고,
그 줄기가 다시 줄기를 내고
복잡 복잡하게 퍼져가듯,
수많은 팔을 헝클고,
팔 끝마다 또 수많은 손가락을 달고,
누가 유령이래도 할 말이 없이 기괴히 섰다가
사라졌다.

무리의 원래가 그랬듯
활개 치는 자유를 붙잡으려고,
생각으론 허공의 무한을 끌어내리려고
산모퉁이에서 사람의 몸통을 하고 섰다가,
둥치가 필요했던 엔진 톱의 지독한 소리 잠깐 울리고
하늘이 파랗자, 풀썩
사라진 기억처럼
쓰러졌다.

어떤 무덤

습관처럼 빈산에 앉아 아득히 묻는 안부,
-잘 있나?
그 말고는 해줄 게 없는 그 인사가
서글프다.

먼 하늘 보다 저 모르게 눈 떨구면,
-나는 없는 사람이다.
저리게 들던 그 마음이 다시 방울진다,
메아리진다.

야간주행

돈 많은 나라라서 구석구석으로 쭉쭉 뻗은 아스콘 길이
밤 여덟 시만 넘어도 땅 밑으로 깜깜히 잠긴다.
도시서 늦게 출발한 고향방문 길이나,
드문 나들이에서 혼곤히 집으로 돌아오는 길이 아니면,
날마다 내내 그렇다.

어둔 밤 저 혼자 끝없이 뻗은 땅 밑 길을,
허공에 대고 쉼 없이 지껄여대는 실성한 정신을 태우고,
닿는 데 없는 희망처럼 긴 라이터를 켜고
가는 데까지 가노라면,
칠흑이 미친다,
소리 없이.

벚꽃

움직이도록만 생겨났어봐,
뭐 하려고 애 터지게 꽃을 피울까?

오라. 오라, 유혹할밖에.
꽃잎엔 하늘대는 저 마음에 꼭 맞게 색 들도록 요술을 부려놓지.

맵시 궁리는 좀 교묘히 할까!
육신을 내보이는 옷깃이 단정키가 얼마나 어려우냐?

마음 고은 것은 또 어떻고!
으레 그리 꽃 피우는 줄만 알지, 그 괴로운 줄은 모르게 하지.

다가갈 수밖에 없으면 몸 부숴 휘날릴밖에.
바람이 돕는 날에 꽃비로 휘황히 휘황히 날아가지.

봄꽃이 아니라도

봄꽃이 아니라도,
싱그러운 신록이 아니라도,
온 세상이 갑자기 환히 밝아지는 날,
젊은 날 그리도 궁금하던 앞날이 이리 밝은 것인가 싶다.
그리도 오래 꽉 막힌 절망이다 싶었던 것이
이리 밝게 톡톡 잘 터지는 통증인가 싶다.
달이 하도 밝아 잠을 깨는 날에 오는,
내가 마침내 탈혼하는 날이.

새벽 항구

내게는 다른 意思가 없는 줄 알기 때문에, 그들은 아무도
굼뜬 내가 아침마다 왜 그렇게 일찍 서둘러 나오는지 모른다.

별빛이 아린 마음에 닿는 것과 비슷한 현상이라고,
원래보다 물에서 더 영롱한 저 항구 불빛이 왜 그런지 알고 나니,

이제는 알 것 같다, 새벽 불빛이 저녁 불빛과 어디가 달라서 다른 것인지.
똑같은 밤 항구 불빛인데도 왜 그렇게 새벽이면 더 말갛게 빛나는지.

왜 살날이 얼마 남지 않은 노인네일수록 더 일찍 잠을 깨는지 그들은 모른다.
나이 먹을수록 말갛게 봐 둬야 할 것들이 왜 그렇게 더 많아지는지를.

휴대폰 메모장 메모가

작년 아흔여덟이 되자, 그 또렷하던 총기를 부쩍 많이 잃으시더니,
결국 아흔아홉에 가시는구나.

찾아본 휴대폰 메모장 그날 메모.
'어매가 가볍다. 세월을 잊으신 것 같았는데, 눈물을 훔치신다. 나는 내 생각만 하고 있는데.'

작년 유월 끝날에 내 집에 오셔서,
'야가 누고?', '응서이, 넷째!', '아. 응서이.' 하시다가 저녁 먹고 가시는데,
내리막길 내 손 잡고 내려가시는데,
어매 몸이 없는 것 같이 가벼웠다.

차를 타시고,
그 연세 되시자 내내 세상을 잊어버리신 것 같더니 갑자기 왜 그러신 건지,
고작 십 리 길 동호 집으로 가시는 건데
꼭 영영 못 볼 것처럼 잘 있으라 몇 번을 되뇌시며
내 손 쥐고 눈물을 흘리시기로,
방에 들어와 허하게 휴대폰을 잡았던 기억.

그러고 두세 달 뒤 서울로 올라가시고,
어째 어째 일 년도 못 지내고 세상을 버리셨다.

옆에서 간호사가 사람이 숨 닫을 때 귀는 열려있다고 해서,
작은형님과 막내동생이 어매 귀에 대고 말씀드렸단다.
편안히 가시라고.
곧 따라갈 테니 먼저 가 계시라고.

그게 아니다. 정말로 듣고 계시다면,
'어매, 지금 동호 갈 거니까 잠깐 주무세요.'
했어야했다.
그래야 어매가 겁먹지 않고,
외롭지 않고,
깊게 편안히 잘 주무셨을 건데.

오늘 새벽에
아흔아홉 어매가 세상을 버리셨다.

예치기

왜, 왜! 세상에
억울치 않은 삶이나 죽음이 몇이나 될까마는,
예전에 어느 죽음 앞에서 그 딸네가 통곡하던,
꼭 그 소리 같다.

풀들은 생각이 없으니,
아무 잘못 없이 제 몸이 섬뜩섬뜩 잘려나가는 데도
억울한 줄을 모른다.
그래서 대신 외쳐주는 거다.
왜, 왜!

팔월 염천
폭염주의보 아래
등 뒤에 딱 달라붙어,
왜, 왜! 온종일 풀을 치며
하늘을 원망하고 있다. 하늘 원망은
얼마나 뜨거운 일이냐?

땀 쉰내, 뼈마디 통증, 또 그런
생애의 부끄러운 상처들을 감추느라고
온종일 혼자서 왜, 왜!
외치고 있다.

수련

언제나
오랜 연정 접고,
물 위에 먼 풍경 내려앉듯
차분히 꽃을 피우는
그리움.

꽃 피면 들키지 않고,
꽃 지면 잊혀지는.

시간은 지나가는 것이고,
기억은 사라지는 것.

더없이 선명히 시간이 멈춘 물그림자
한가운데, 그 역시 미동도 않는
그리움의
흔적.

짧은 여행

강변을 타고 가다 소망 길 쪽으로 들면 만나는 삼거리의 과자점에서는 그때마다 달콤한 사과향이 나곤 했다. 허영 같다고 해서 낙향하면서 버리기로 한 취향이었다.

찾아가는 길은 내내 낯선 지형이었다. 그리도 총명히 빛나던 깨달음들은 사소히 흩어져 사라졌고, 드문드문 남은 옛집들만 늦은 해가 빚어내는 기억들을 나지막이 받아내고 있었다.

상행했다 다시 내려온 도회는 이미 어두웠고, 불빛에 드러난 거대한 움직임은 그 크기만큼 육중했다. 우회 길로 들어선 산동네에서는 기척에 어떤 개가 불안히 짖고 있었다.

식사 뒤, 차량정체와 불확실을 핑계로 삼거리 방문을 취소했다. 술에서 몸살 때 나는 아픈 냄새가 났다. 배정받은 골방이 불을 끄고 창을 가리자 완전한 어둠 속이었다.

강물에 실려 가는 꿈을 꾸었다. 단 한 번뿐인 흐름에 동행한 정신은 물밑 깊은 물줄기를 따라 총총히 떠나가는 시간들을 미처 잘 가늠하지 못하고 있었다.

돌아오는 길, 멀어지는 도회 위로 새벽의 상실감처럼 어둠이 걷히고 있었다.

詩作 후기

詩作 후기

 원래 창작물은 그것을 밖에 내놓고 나서는 말을 더하지 않는 것이 남 보기에 좋다. 책임은 창작자가 지는 것이고, 평가와 감상은 수용자의 몫인 것이다. 그럼에도 나는 말미를 잡아 몇 가지 매우 주변적인 내용의 詩作 후기를 적어놓으려고 한다. 내 자신의 詩作 방식이 詩的으로 제대로 기능하는 종류의 것인지 확신을 못하고 있기 때문이다.

 무엇보다 짧은 시가 많이 눈에 띈다. 반드시 그래서는 아니지만, 일단 시가 짧다는 것은 다루어야 할 언어의 양이 적은 만큼 그를 통해 詩作의 기본기술을 익히는 데 도움이 되었다. 실제로 짧은 시는 詩的 축약, 문법, 행과 연의 배치 등을 훈련하기가 좋았다. 짧게 쓰면서 단어나 문장에서의 의미적 同異 또는 그 적용의 詩的 타당성, 그것들의 배치 등을 정밀히 공부할 수 있는 것이다. 거기다 짧으면, 평가도 분명하게 할 수 있다.

 쉼표 달기, 행과 절의 구분 등도 곤란할 때가 많았지만, 특히 문법구조가 만들어내는 중의적인 의미를 어떻게 처리해야 하는지가 어려웠다. 문장의 공간과 호흡이 자유로운 산문에서야 어떻게든 해결할 수 있는 문제이겠지만, 운문적으로는 그것을 그대로 방치해서 입체적 의미를 주기 위해 그리했다고 우겨볼 건지, 아니면 어떻게든 시적 호흡이 살아있으면서도 의미 전달이 정확한 표현을 만들어볼 것인지, 간단히 정할 수 있는 일은 아니었다.

이를테면, 〈流星〉의 부제 '영원한 소멸을 위한 만가'에서 이것이 염세주의적인 냄새가 나도록 '영원히 소멸하는 것을 위한 만가'로 읽히게 할 것인지, 아니면 '영원한 소멸'이라는 관념의 죽음, 즉 적어도 내겐 '영원한 소멸'이란 개념이 사라졌음을 읊는 것이라는(따라서 무엇의 소멸을 그렇게 슬퍼할 일이 아니라는) 아이러니로도 읽힐 수 있는 것인지를 생각했다.

〈작품〉에서도 비슷한 망설임이 있었다. '꽃잎을 햇살보다 산뜻이 그린 것뿐인데'라고 하니, '그려놓은 꽃잎이 햇살보다 산뜻하다'는 것인지, '꽃잎을 햇살이 그린 것보다 산뜻이 그렸다'는 것인지, 헷갈리는 것이다. 또 〈석양에〉에서 '예감처럼 수월히 사라지는'도 그랬다. '예감이 수월히 사라지듯 해가 수월히 사라지는' 것인지, '예감대로 해가 수월히 사라지는' 것인지 따져봐야 했다. 당연히 시적 재미를 위해 그런 것을 그대로 놓아두는 쪽도 고려했다.

한편 짧은 시 중에는 그러한 짧은 틀 속에 이런저런 내 자신의 詩作 과정이나 詩的 내용이나 스타일, 또는 더 나아가서는 예술작품의 제작 과정을 묘사해 본 작품이 여럿 있다. 〈肖像〉, 〈달빛환상〉, 〈작품〉, 〈素描〉 등이 그런 것들이다.

〈肖像〉은 肖像(비춰지거나 생각되는 모습), 具象(實體가 형상을 갖춤), 實體(머릿속에 생각하던 것), 具體(직접 경험하거나 지각할 수 있도록 사물이 일정한 형태와 성질을 갖춤) 등, 실제의 쓰임이 별로 없는 일본제 서구식 개념어들의 뒷말 잇기를 해보다가 문득 떠오른 詩想을 가지고 詩로 꿰맞춰 본 것이다. 성리학적 說理詩의 현대적 모색이라는 거창한 구호를 염두에 두고. 설리시가 풍경을 읊어서 학문세계 또는 정신세계의 전개 양상을 묘사했다고 보면, 현대의 서구 상징시와 상통점이 있는 게 아닌가 하는 모색인 것이다.

〈肖像〉은 또 서구 방식의 형이상학적 존재론을 거부한다는 의도도 담고 있다. 우리가 무엇을 착각했다고 하면, 그것은 배후의 실체가 아닌, 현실에 대한 착각이기 때문이다. 꽃(장미) 또는 그 개화 과정과 초상화 또는 그 작화 과정은 서로 상징이다. 꽃이 피어나는 경과로도 읽히고, 그림(예술작품)이 완성되어가는 과정으로도 읽히는 것이다. 어떤 것이 되었든 간에 내 시적 깨달음도 그렇게 환상이 아닌 현실의 분명한 모습을 갖추고 완성되었으면 좋겠다는 바램도 있었다.

〈작품〉역시 파생한 빛이 원래의 것보다 더 강렬하고 황홀한 순간, 그 혼돈의 격렬한 파장이 찰나로 발생했다 사라지는 것과 같은, 그리고 그 찰나적 파멸 뒤의 황당함 같은, 예술적 관념의 유희 과정과 그 결말을 거울의 이미지를 빌려 표현해 본 것이다. '續 肖像'이라는 부제를 붙인 것은 그 때문이다. 그렇게 해서 종교든 이념체계든 인간이 상정한 절대성이라는 것이 별것이 아님과, 그럼에도 그것이 갖는 파괴성은 실로 근원적인 것임을 말해보려고 했다.

그 외에도 짧은 시가 많으나, 단 어느 경우든 미니멀리즘을 시도한 것은 아니다. 혹자가 말하듯 추상이니 개념이니 행위니 하는 등의 생소한 방식을 핑계해서 재능 부족을 감추는 것과 같은 의도는 없다는 말이다. 미니멀리즘의 미덕은 생략과 경제성일 텐데, 그것의 문학비평적 설명은 너무 불분명하고 확장적이다. 그냥 시 자체가 원래 미니멀리즘의 장르가 아닐까도 생각해 본다.

이렇듯 시는 그 길이가 짧은 만큼 '언어의 유희'가 산문 쪽보다 빈번하다. 그러나 나에게는 그런 쪽에 눈 밝은 사람을 기다릴 수 있는 확신이나 시간이 없다. 단순

한 것들이나마 생각나는 대로 몇 가지 나열해서, 내가 구사한 언어 희롱의 일단을 조금 더 변명해 두려고 한다. 나머지 중층적이거나 입체적인 유희들은 말이 넘칠 것이므로, 역시 읽는 쪽의 감상을 기다릴 수밖에 없다.

〈강〉의 '시름, 번뇌, 득의, 열락' 구절은 강물이 흐르는 모양들을 삶의 형편을 지시하는 단어들로 표현해 본 것이다. 나에게는 분명히 그렇게 보이는데, 어떻게 읽힐지는 나로서는 알 수 없다. 〈목련꽃 아닌 향기가〉에서는 사후 유체이탈 때의 의식이 생시 때의 꿈속과 유사할 것으로 여기고, 장소이탈, 時制이탈, 문맥이탈, 반말 구사를 해서, 그것이 갓 죽은 사람이 하는 횡설수설임을 표시하려 했다. 또 〈벚꽃〉의 '휘황히, 휘황히'는 처음에 '휘황히, 허황히'로 써서 휘황하다가 허황해지는 경과를 희롱했던 것이나, 굳이 말하지 않아도 낙화란 이미 허황한 것이므로 너무 설명적이랄까, 노골적이랄까, 그렇게 비친다는 감각에 밭혀서 그 의미를 한 겹 꺼풀 아래 숨겨두려고 고쳤던 것이다.

나는 다만 과도한 은유나 감각의 과잉을 삼가서, 또는 복잡한 시적 구조, 그런 것이 있더라도 눈치채지 못하도록, 그래서 읽기에 부담이 안 가도록 쉽고 편한 상징시를 쓰고 싶었던 것인데, 그것이 제대로 안 되었다. 그것은 내 시적 수완과 안목이 그것밖에 되지 않기 때문이고, 그렇게 고도하지 못한 내 취향 때문이기도 하다. 덧붙여, 수월하게 읽힐 성 싶다든가, 이유가 명확히 납득되는 경우가 아니면, 생략은 해도 요약은 되도록이면 피하려고 했다는 것은 밝혀두고 싶다. 시는 모름지기 생생해야 한다는 것 정도는 알고 있는 소치이다.

그러고 보니 짧은 시뿐만 아니라, 이 책의 모든 수록작이 연습일지도 모르겠다. 나로서는 시의 훈련이든 삶의 연습이든 그 후 더 나은 무엇의 기약이 있는 것은 아니므로, 작품 각각이 목소리와 율동이 달라서 산만한 대신, 덕분에 저마다 다르게 읽혀서 혹여라도 지루감이 덜하다면 더 좋을 수 없겠다.

내가 알기로 진짜 시인은, 지금 내가 적어낸 이런 종류의 신변잡기가 아니라, 잘 만들어진 음악처럼 작품의 기대치가 높아서 금방은 친해지지 않지만, 익숙해지면 느낌이 훨씬 색다르고 각별한 새 경지를 보여주는, 그런 지적인 시를 쓰는 사람이다. 나는 그런 한국시를 응원하고 고대한다.

말이 길어졌다. 다음에 혹시라도 이 오리무중의 동굴을 찾아오는 사람이나 같은 길을 답습하는 사람이 있다면, 여기 후기가 조금이나마 안내가 되길 바라는 마음일 뿐이다.

휴대폰 메모장 메모가

발행일 초판 2023년 8월 10일
작가 이응선
펴낸곳 미인부모
출판사 (주)참좋은인터넷
출판사 등록 2020.06.16 (제2020-64호)
주소 인천광역시 연수구 컨벤시아대로 165, 2602호 (우 : 21998)
전화 02-3141-0012
이메일 miin@sogood.co.kr

ISBN 979-11-971234-3-6

ⓒ 휴대폰 메모장 메모가. 2023
본 책은 저작자의 지적 재산으로서 무단 전재와 복제를 금합니다.
미인부모는 (주)참좋은인터넷의 출판 브랜드(임프린트)입니다.